Colonel E. PERROSSIER

MAINTENEUR DES JEUX-FLORAUX

La Commune de 1871

A NARBONNE

TULLE

IMPRIMERIE DE J. MAZEYRIE

1900

Colonel E. PERROSSIER

MAINTENEUR DES JEUX-FLORAUX

La Commune de 1871

A NARBONNE

TULLE

IMPRIMERIE DE J. MAZEYRIE

—

1900

LA COMMUNE DE 1871

à Narbonne

EN 1871, après la campagne, j'étais pourvu d'un emploi de mon grade à l'état-major de la 11e division militaire, à Perpignan. C'était la première fois que je venais dans ce pays. Ceux qui le connaissent, ceux-là surtout qui l'ont habité pendant la néfaste période de la guerre franco-allemande, n'auront aucune peine à comprendre quelle stupéfaction fut la mienne en constatant dès mon arrivée l'état... moral — j'allais dire mental — de toute sa population affolée.

On avait appris déjà — par une récente expérience — que le *patriotisme* consiste à mettre tout d'abord la main sur l'assiette au beurre, puis à subir stoïquement les plus douloureux sacrifices — même celui de l'Alsace et de la Lorraine — pour conserver cette conquête, qui n'est pas la moins précieuse parmi celles de notre grande Révolution. Aussi, Perpignan regorgeait-il de *patriotes*.

Bien qu'on n'y fût pas précisément dans le voisinage immédiat de la frontière de l'Est, on avait dès le premier jour reconnu la nécessité d'organiser un comité de défense. Qui pouvait savoir, après tout ?... ces Prussiens avaient de si longues bottes ! Pour occuper ces importantes fonctions, qui exigeaient une activité sans égale et une vigilance de tous les instants, on avait dû choisir des hommes dans la force de l'âge ; ou plutôt, comme on se connaît toujours mieux qu'on ne peut connaître les autres, ces hommes dévoués s'en étaient eux-mêmes donné l'investiture. Les plus âgés d'entre eux ne dépassaient guère la trentaine, car, à Perpignan aussi bien qu'ailleurs,

> *La valeur n'attend pas le nombre des années.*

Nuit et jour sur la brèche, tout en déplorant que la responsabilité qui pesait sur eux ne leur permît pas de prendre les armes et de voler à la frontière, ils s'employaient avec un zèle infatigable à mobiliser... les autres et à surveiller étroitement ceux qui, à tort ou à raison, pouvaient être soupçonnés d'entretenir des intelligences avec l'ennemi. Grâce à leur attitude énergique, les Pyrénées-Orientales avaient été préservées de l'invasion.

La place de la Loge (prononcez la *Lauge*) était le forum où le peuple tenait ses assises. Resserrée entre la haute façade de style quasi mauresque de l'hôtel de ville où siégeait le comité de défense, et les arcades trapues qui abritaient le café de la Loge — où les orateurs populaires venaient retremper leur éloquence — elle était trop étroite pour contenir la foule compacte qui, chaque soir, y manifestait son patriotisme en écoutant lire à haute voix et en applaudissant avec enthousiasme les dépêches par lesquelles le *Gouvernement* faisait savoir à la France entière que quatre hulans en reconnaissance avaient été mis en fuite par quelques douzaines de francs-tireurs.

Dans ces dépêches, il était rarement question de l'armée dite régulière, qui avait encore le mauvais goût de ne pas s'incliner sans quelque répugnance devant la suprématie des tacticiens civils. Les francs-tireurs, à la bonne heure ! Aussi Perpignan avait-il éprouvé le besoin d'en lever à son tour une compagnie. On était fier de voir vaguer par les rues de la ville ces guerriers armés jusqu'aux dents, vêtus d'un costume pittoresque et la plume d'aigle au chapeau. Un jour, paraît-il, l'ordre était arrivé de les diriger sur le théâtre de la guerre, et la population tout entière les avait triomphalement escortés jusqu'à la gare, comptant bien que cette fois les Prussiens allaient avoir du fil à retordre. Mais huit jours plus tard, l'attachement au sol natal ayant repris le dessus, ils avaient reconnu que leur présence était indispensable à Perpignan et ils étaient tous revenus, en déclarant que les généraux étaient des imbéciles, et qu'il n'y avait pas le sens commun à exposer, comme ils le faisaient, des troupes d'élite « à se faire casser... la *gueule* pour trente sous par jour ».

Les événements ne tardaient pas, du reste, à justifier ce retour inopiné qui aux yeux de certaines gens, peu au courant sans doute de la mystérieuse attraction que la patrie absente exerce sur les cœurs bien nés, avait paru tout d'abord un peu précipité. La réaction, en effet, tentait de relever la tête. Dénoncé une fois déjà au comité de défense, pour avoir dit — assurait-on — que, si Perpignan venait à être assiégé, les patriotes seraient obligés de manger de la paille, l'auteur de ce propos, aristocrate impénitent, bénéficiait encore d'une scandaleuse impunité. C'était intolérable, on en conviendra. Aussi, à peine rentrés dans la bonne ville qu'ils avaient juré de ne pas laisser tomber aux mains de l'ennemi, nos francs-tireurs prenaient-ils la généreuse initiative de *faire un exemple*. Au signal donné par eux, le coupable était exécuté en pleine rue, avec toute la mise en scène usitée en pareille occurrence, et le hasard seul le préservait de la mort, — car ce serait vraiment faire injure à la Providence que de la soupçonner d'avoir participé à soustraire au châtiment un criminel aussi endurci.

Peu de temps après, Metz capitulait, et l'inoubliable proclamation dans laquelle Gambetta accusait de trahison *tous les chefs de l'armée* offrait aux vaillants défenseurs de Perpignan une nouvelle occasion de faire éclater leur patriotisme. Le colonel Pays, commandant la place, et le chef d'escadron de gendarmerie Hantson, que leurs fonctions désignaient naturellement comme les complices de Bazaine, assaillis à l'improviste sur la place de la Loge, tombaient sous les coups de sabre des francs-tireurs, et quelques semaines plus tard le malheureux colonel mourait à Amélie-les-Bains des suites de ses blessures.

Perpignan possédait également un préfet des plus pittoresques. Professeur d'ethnologie à Genève avant le 4 Septembre, Louis Jousserandeau racontait à qui voulait l'entendre que devant l'insistance de Gambetta — qui à plusieurs reprises lui avait démontré que la France serait perdue s'il ne se résignait à faire ce sacrifice — il avait dû, toujours par patriotisme, abandonner sa chaire pour accepter en échange la grasse prébende préfectorale.

Ce savant homme déplorait amèrement notre ignorance, et répétait sur tous les tons que, si nous avions été battus, c'était uniquement parce que nous ne connaissions pas la *géographie*.

Je ne saurais passer sous silence le petit incident ci-après survenu au cours d'un voyage que nous faisions ensemble au mois de juillet suivant : il se rendait à Bordeaux, je crois, tandis que j'allais à Paris, et le hasard nous avait faits compagnons de route. Comme il venait encore de se lancer à pleines voiles dans le développement de sa thèse favorite, voilà que le train stope à une station.

— Montauban ! crie le conducteur avec un savoureux accent de terroir — Montauban ! quatre minutes d'arrêt !

— Montauban ? répète Jousserandeau étonné... qu'est-ce que c'est que ça ?

— Ça !.. mais c'est une ville où il y a un préfet comme vous.

— Comment ! c'est donc un chef-lieu de département, Montauban ?

— Eh oui : ça passe généralement pour le chef-lieu de Tarn-et-Garonne.

— Voyez-vous, fait-il sentencieusement, un Prussien ne l'aurait pas ignoré.

— Mais, monsieur le préfet, lui dis-je, il y a encore beaucoup de Français qui le savent, même dans l'armée.

Parmi les préoccupations sans nombre qui le hantaient, une de celles qui lui tenaient le plus au cœur était assurément d'affirmer et de maintenir ses prérogatives *militaires*. Le ministre, ou plutôt comme on disait alors, le *délégué* à la guerre, qui de plus en plus tenait en suspicion *tous les chefs de l'armée*, avait décrété en effet que les situations d'effectif des corps de troupes stationnés sur le territoire national, qui devaient lui parvenir tous les cinq jours, lui seraient adressées désormais non plus par le commandant militaire, mais *par le préfet*. Très fier de cette marque de confiance, celui-ci ne manquait pas de faire périodiquement réclamer ces pièces en ce qui concernait la garnison de Perpignan.

Cette garnison se composait de quatre dépôts d'infanterie, comprenant chacun avec un squelette de cadre une soixantaine d'hommes, ouvriers ou conscrits, invalides pour la plupart. En outre, depuis la fin de février, ils commençaient à recevoir par petits groupes ceux des prisonniers de guerre dont le rapatriement avait pu être opéré dès la signature des préliminaires de paix, et qui rejoignaient les dépôts de leurs corps respectifs sans armes, presque sans vêtements, et dans un état de délabrement physique et moral qu'il faut avoir vu pour s'en faire une idée.

Comme il ne pouvait cependant, malgré la belle envie qui le possédait, faire parader à son gré les troupes ainsi placées sous sa haute surveillance, M. le Préfet se rattrapait en passant en revue la garde nationale. Un beau jour, électrisés par les harangues d'un bateleur de profession, venu tout exprès de Barcelone pour tenir commerce de ces boniments *patriotiques* dont la mode — qui sévit aujourd'hui plus que jamais — était alors dans toute sa fleur, les soldats citoyens, qui de cet échappé de la foire avaient résolu de faire leur commandant, imaginaient de venir manifester sous les fenêtres de l'hôtel de la division en criant : « Vive la République démocratique et sociale ! A bas le Général ! »

Jugeant, avec quelque raison, que cette équipée était d'un goût douteux, le général Reybaud bouclait son ceinturon et se rendait à la préfecture.

— Monsieur le Préfet — disait-il à ce haut fonctionnaire après lui avoir en quelques mots exposé l'incident, — ce n'est pas une réclamation que je vous apporte; mais un simple avertissement. Veuillez avoir la bonté de faire prévenir la garde nationale que, si elle renouvelle sa plaisanterie, je confierai aux *turcos* la mission d'y répondre comme il convient.

La Providence, en effet, semblait enfin vouloir prendre en pitié la pauvre ville de Perpignan, et afin d'empêcher qu'elle fût complètement mise à sac, s'était installée dans la citadelle sous la forme d'un demi-bataillon du 3e tirailleurs algériens. Ces trois compagnies, expédiées d'abord de Philippeville à Marseille, en vue — disait-on — de servir de noyau pour la formation d'un régiment de marche demeurée à l'état de projet, avaient fini par être oubliées dans le Midi, où — depuis Marseille jusqu'à Perpignan — elles avaient été appelées à remplir successivement dans plusieurs des centres importants de la région le salutaire office de Croquemitaine.

On pouvait donc espérer, cette fois, que la crainte du turco serait le commencement de la sagesse. Mais comme le naturel revenant au galop, la sagesse paraissait encore disposée à s'attarder en chemin, une leçon plus cuisante devenait indispensable pour lui faire hâter le pas.

Afin de varier ses exercices, et surtout pour bien convaincre les Prussiens qu'il serait téméraire à eux de songer à s'introduire subrepticement dans la place de Perpignan, la garde nationale faisait, la nuit, de fréquentes patrouilles de sûreté jusque dans les fossés de la citadelle, d'où elle apercevait distinctement, se profilant en noir sur la pénombre de l'espace, la silhouette du turco en faction sur le rempart. Il arrivait donc, certain soir, que quelques-uns des plus zélés ne pouvant résister à la tentation d'expérimenter leur adresse, plusieurs coups de fusil, heureusement mal ajustés, partaient dans la direction de la sentinelle.

Mis au courant de l'aventure dès le lendemain matin, le général prescrivait tout simplement qu'à l'avenir les factionnaires de nuit auraient l'arme chargée.

A quelque temps de là, par une nuit un peu moins opaque,

Cette obscure clarté qui tombe des étoiles,

comme disait le grand Corneille. — permettait à l'œil exercé de la sentinelle de percevoir vaguement dans le fond du fossé une petite masse noire et grouillante qui, silencieusement, s'avançait dans sa direction. Le turco méfiant à trois reprises criait : « Qui vive? » Ne recevant pas de réponse, il abattait l'arme et au juger envoyait une balle dans le tas. Un des noctambules tombait à plat tandis que les autres s'enfuyaient dans les ténèbres comme une volée de moineaux.

Cette fois, la sagesse était arrivée, et la milice citoyenne perdait toute envie de continuer ses expéditions nocturnes.

**

Paris et la France ne sauraient oublier le 18 Mars, pas plus du reste qu'ils n'oublieront le 4 Septembre. Mais l'histoire parviendra-t-elle jamais à établir entre les événements que rappellent ces deux dates un parallèle équitable et conforme à la raison ? Il est permis d'en douter, les témoignages contemporains qui seuls pourront lui fournir une base pour asseoir ses jugements s'étant, par une inconcevable aberration, trouvés d'accord pour les présenter sous des points de vue absolument différents.

Le 4 Septembre a réussi : c'est une « révolution glorieuse » (elles le sont toutes). Le 18 Mars a échoué : c'est une « criminelle insurrection ». Notre langue a de ces euphémismes étranges pour aider à la propagation de légendes d'autant plus difficiles à déraciner ensuite qu'elles ont poussé sur des paradoxes. En France, nous serons éternellement moutons de Panurge : *moutons* pour nous laisser tondre... *de Panurge* parce que, à l'instar de ce qui se pratiquait dans le troupeau de ce berger, dès qu'un seul a dit une sottise, tout le monde se croit obligé de la répéter.

Ces deux coups de main cependant, exécutés l'un comme l'autre à l'encontre de toute légalité, sous les yeux et à la grande joie de l'envahisseur, sortaient bien du même sac et procédaient des mêmes causes : l'occasion, l'appétit (qu'on prononçait patriotisme) ; la haine déjà invétérée de l'armée et des gendarmes, gêneurs traditionnels de tous ceux qu'allèche le bien d'autrui ; la peur du sabre, qui avait engendré la peur de la victoire, faisaient que dans les deux circonstances la manière d'opérer était sensiblement la même.

Si le 4 Septembre ne fusillait pas les généraux, il s'en débarrassait non moins sûrement en les décrétant de trahison et en dépouillant de leur commandement ceux qui commettaient la maladresse de remporter sur l'ennemi le plus modeste avantage. En revanche, et donnant ainsi un exemple qu'allait bientôt suivre la Commune, il en improvisait de toutes pièces, témoin le pharmacien Bordon, ex-client de la police correctionnelle ; le journaliste Lissagaray, qu'on n'a pas oublié à Toulouse ; Crémer, Riu, Collin, et après tant d'autres encore, Clément Thomas lui-même, une des malheureuses victimes du 18 Mars, qui dans l'armée ne s'était jamais, que je sache, élevé au-dessus du modeste grade de maréchal-des-logis.

La fièvre du galon, toutefois, n'exerça qu'une influence secondaire sur l'éclosion de la Commune ; mais elle contribua dans une large mesure à favoriser son expansion, la province — jalouse comme toujours de marcher sur les traces de Paris, — ayant tenu à participer à la moisson d'étoiles qui en marquait l'avènement.

Le Midi — où fleurit avec l'oranger le culte du panache — était naturellement tout préparé à se rallier aux nouvelles doctrines, bien qu'à vrai dire il ne comprît pas très nettement peut-être en quoi elles pouvaient consister, et n'eût été la sagesse issue de la crainte du turco, Perpignan — certes — n'aurait laissé à aucune autre ville de la région l'honneur de donner l'exemple. Mais Narbonne veillait de son côté et n'avait pas encore fait connaissance avec les turcos. L'avocat Digeon, cerveau quelque peu fêlé, mais péroreur intarissable, quittant, comme le *Menteur* de Corneille, « la robe pour l'épée », y prenait la tête du mouvement, et deux jours après celle de Paris, la Commune de Narbonne était proclamée.

Les représentants de l'autorité n'avaient pas le temps de faire entendre une protestation. Le maire Coural, s'étant fort à propos souvenu qu'un certain procès pendant devant la cour d'appel pourrait bien nécessiter sa présence, se hâtait de prendre le train pour gagner Montpellier. Le sous-préfet Obissier-Saint-Martin disparaissait de son côté et, après plusieurs heures de recherches infructueuses, il paraissait certain qu'il avait dû être enlevé par les insurgés. Il n'en était rien heureusement, car, dès le lendemain, on le retrouvait à la gare, blotti derrière un tas de caisses au fond d'un wagon à marchandises. Cette circonstance l'avait sauvé, et le souvenir du courage civique qu'il avait eu l'occasion d'y déployer l'aidait plus tard à devenir sénateur.

Suivant l'usage, ce nouveau *gouvernement* installait son siège à l'hôtel de ville et s'occupait sans retard de se donner une constitution. Mais, contrairement au principe cher à toute République qui se respecte, l'élément *militaire* y prenait le pas sur l'élément *civil*, et le citoyen Digeon, élu *d'une seule voix* (la sienne) « général en chef des forces de terre et de mer de la Commune de Narbonne », joignait aux attributions de ce grade celles de « chef du pouvoir exécutif ». Le jardinier Limouzy se colloquait sous ses ordres *président de l'état civil* ; un troisième *délégué aux finances* ; un autre *commandant de l'artillerie...* bref, toutes les charges et dignités étaient pourvues de titulaires, qui entraient en fonctions immédiatement.

Sans plus tarder aussi, le citoyen général endossait son costume officiel. C'était celui du « brigand calabrais » fidèlement copié sur les lithographies qui ornaient le frontispice des romances dramatiques d'antan : chapeau tyrolien à plume rouge ; manteau flottant couleur de muraille ; bottes molles, remplaçant la classique espadrille à cothurne, et comme arme un de ces tromblons dont on se servait jadis pour arrêter les diligences, et que l'on peut voir encore dans certaines panoplies ou dans les vitrines des marchands de bric-à-brac.

L'hôtel de ville, ensemble de constructions qui entourent une vaste cour rectangulaire, et dans lesquelles toutes les forces *de terre et de mer* avaient trouvé à se loger très à l'aise, se prêtait facilement à la défensive. Le haut donjon à plate-forme crénelée qui lui sert de façade occupe un des petits côtés du rectangle ; à part sa grande porte, où l'on accède en gravissant quelques marches, il n'a d'ouvertures extérieures qu'un petit nombre de fenêtres, percées à une assez grande hauteur au-dessus du sol, et donnant sur une place étroite de forme irrégulière. Quand on regarde cette façade, on voit à sa gauche l'entrée d'une rue *en cornières* qui longe le grand côté de l'enceinte et dont les maisons, adossées aux bâtiments municipaux, les masquent complètement. A droite s'élève la cathédrale dont le clocher, qui a sur le donjon un commandement d'une dizaine de mètres, peut seul permettre à la vue de plonger dans la cour intérieure.

Par ordre du citoyen général — dont les études militaires, en matière d'art obsidional, ne paraissaient pas avoir dépassé la connaissance des procédés mis en œuvre au moyen-âge, — des pavés étaient entassés sur le parapet du donjon et devaient pleuvoir sur la tête des assiégeants, lorsqu'ils tenteraient d'enfoncer la porte *à coups de hache*. On avait même songé à les arroser *d'huile bouillante*, et, pour s'approvisionner de ce liquide, des réquisitions étaient signifiées aux négociants de la ville, qui toutefois ne manifestaient d'abord que peu d'enthousiasme à y obtempérer.

En attendant, comme concession aux idées modernes et faute de pouvoir se procurer de l'artillerie par les mêmes procédés que leurs frères de Montmartre, nos communards se fabriquaient eux-mêmes un canon. C'était un cylindre de fonte, grossièrement coulé, dans l'axe duquel, à défaut d'autre moyen de forage, on ménageait une âme en plongeant une tige quelconque au milieu du métal en fusion. Cette tige, au lieu d'être cylindrique s'étant trouvée rectangulaire, l'âme ainsi moulée en gardait cette singulière forme.

Dépourvu d'affût, mais chargé jusqu'à la gueule — comme le tromblon du général — l'engin meurtrier reposait sur les dalles du vestibule au sommet du perron intérieur, prêt à réduire en poudre l'assaillant qui eût osé franchir la porte. Si l'occasion s'était présentée d'en faire usage, il aurait infailliblement commencé par foudroyer l'artilleur assez imprudent pour y mettre le feu.

Le drapeau rouge flottait sur le donjon. Pour compléter la mise en scène, il ne restait plus qu'à se procurer quelques otages ; puis — attendu qu'il était bon de tout prévoir, même le cas où la résistance si habilement préparée viendrait à se prolonger comme le fameux siège de Troie, au-delà des limites habituelles, — il convenait, sans attendre l'investissement, d'assurer le ravitaillement de la place. Bien que la caisse fût encore vide, ce problème à vrai dire n'offrait que peu de difficultés. N'était-il pas juste, après tout, de faire supporter les frais de la guerre par ceux qui en devaient bénéficier ? Or, la Commune allait dispenser à tous les *opprimés* — et qui ne l'était pas plus ou moins ? — le bienfait de *l'émancipation*. En échange, le système des réquisitions était tout indiqué ; on le pratiquait donc sur une vaste échelle, et, sans que le délégué aux finances eût à se préoccuper du quart d'heure de Rabelais, les futurs assiégés vivaient dans l'abondance.

Quant aux *otages*, deux s'étaient déjà enrôlés volontairement : l'adjoint Raynal, frère de celui qui le lendemain du 4 Septembre s'improvisait lui-même préfet de l'Aude, et un certain Allègre, chasseur en congé qui, se disant retenu sous menaces de mort, employait à faire de l'espionnage les loisirs que lui laissait sa prétendue captivité. Il circulait librement en ville et en rapportait les informations habilement soutirées aux militaires dont il avait su capter la confiance.

Narbonne, en effet, avait conservé sa garnison, et l'on était en droit de se demander comment, étant donné cette circonstance, l'insurrection avait pu si facilement prendre possession d'une notable partie de la ville. Ce mystère n'était pas insondable.

Le dépôt du 52e, qui, outre sa compagnie hors-rang, comptait comme ceux de Perpignan bon nombre de conscrits, d'invalides et de rapatriés, était commandé par le lieutenant-colonel Vilar, qu'on avait surnommé *Malplaquet*. Désirant par dessus tout que sa quiétude ne fût pas troublée, et trop enclin peut-être à se fier à la vigilance de la police, celui-ci, pendant la période *d'incubation*, avait fermé les yeux sur l'entente cordiale qui s'établissait peu à peu entre sa troupe et les futurs insurgés. Maintenant, en vertu d'une convention tacite, les uns comme les autres restant dans leurs quartiers respectifs, s'abstenaient avec soin de se causer réciproquement le moindre embarras. Les soldats continuaient de fréquenter à leur gré le club révolutionnaire, dont quelques-uns même étaient membres titulaires, entre autres un nommé Malaret qui, le soir de la proclamation de la Commune, avait essayé, à la tête d'une escouade, d'enlever le lieutenant-colonel lui-même. Feinte ou réelle, sa tentative avait échoué; mais une autre mieux combinée mettait dès le lendemain entre les mains des fédérés les otages *pour de bon* dont ils avaient besoin.

Sous prétexte de leur faire sommation d'évacuer l'hôtel de ville, une compagnie de cent hommes était réquisitionnée pour escorter le commissaire de police. Celui-ci l'amenait jusque sur la place et la faisait ranger en bataille à quinze pas devant le perron au milieu d'une foule compacte attirée par le bruit du tocsin. Ces dispositions prises, et avant qu'il eût seulement exhibé le boniment dont il s'apprêtait à donner lecture, cette foule, se ruant sur les officiers, les renversait et les désarmait, et la porte du donjon subitement ouverte se refermait sur la presque totalité de la compagnie, qui, faisant ses chefs prisonniers, passait à l'ennemi avec armes et bagages.

Le tour était joué. L'augmentation d'effectif qu'il procurait à la Commune lui constituait un important renfort et du domaine de la comédie allait lui permettre de passer de plain-pied dans celui du drame.

Tout d'abord, elle songeait à entrer en relations directes avec sa grande sœur de Paris. C'était d'autant plus facile, semblait-il, que le bureau du télégraphe était installé dans l'intérieur de l'hôtel de ville. L'entrée — bien entendu — en était rigoureustment interdite aux profanes, et l'employé qui le gérait — et qu'on avait dû y maintenir parce que, seul il connaissait la manipulation de son appareil — sans être absolument séquestré, était tenu à l'écart de toute influence extérieure. On lançait donc à Paris force télégrammes demandant des instructions qu'on attendait fiévreusement; mais qui n'arrivaient jamais, le télégraphiste ayant subrepticement coupé son fil. J'ai le profond regret de ne pas connaître le nom de cet agent dévoué pour lui rendre ici un hommage bien mérité : héros obscur, en cette circonstance il a joué sa vie tout simplement.

Entre temps on continuait à se fortifier. Des barricades obstruaient l'entrée de toutes les rues qui, partant d'un périmètre assez éloigné, convergeaient vers l'hôtel de ville, formant ainsi autour de la forteresse un vaste camp retranché dans lequel les insurgés étaient absolument chez eux. Ils y trouvaient sans peine et sans bourse délier de quoi subvenir à leurs ripailles quotidiennes, et faisaient de là rayonner des patrouilles en armes qui allaient terroriser le reste de la ville. Celle-ci était devenue intenable et la gendarmerie avait dû abandonner sa caserne pour se réfugier dans la gare, le seul endroit qui, grâce à sa situation en dehors de l'enceinte, offrît encore une sécurité relative.

Cet état de choses durait depuis dix jours sans que la moindre nouvelle en fût parvenue à Perpignan. Il y avait cependant à Carcassonne un général de brigade que la gendarmerie avait mis au courant dès le début, et dont le premier devoir aurait été de rendre compte à son tour au commandant de la division. Mais le général Robinet pouvait compter parmi les mieux réussis de cette collection de grotesques dont le grand organisateur de la guerre à outrance avait alors doté le pays.

Ancien aide de camp du maréchal Regnault de Saint-Jean-d'Angély, il avait, grâce à la protection de son chef, franchi rapidement tous ses grades, et, devenu colonel et chef d'état-major de la garde impériale, y avait fait pendant plusieurs années la pluie et le beau temps. Mais le séjour trop prolongé de la capitale, où comme certains autres il avait surtout pratiqué la *grande vie* ; les trop nombreux succès qu'il y avait remportés avaient prématurément ravagé sa constitution. Atteint d'ataxie locomotrice et de ramollissement cérébral, le travail peu compliqué du temps de paix lui avait jusque-là permis de dissimuler sa décrépitude ; mais quand il s'agit d'entrer en campagne, il fallut bien reconnaître qu'il était passé tout à fait à l'état de momie. On le renvoyait donc dans ses foyers, en se bornant toutefois, à le mettre en disponibilité, situation qui existait alors pour les officiers d'état-major comme pour les officiers généraux. Gambetta, soucieux de réparer *toutes les injustices*, n'avait rien trouvé de mieux que d'exhumer ce débris pour en faire un général. Cela explique comment le secret avait été si bien gardé jusque-là sur la situation dont je viens de donner un aperçu.

*
* *

Le 29 mars, dans la soirée, le général Reybaud était enfin, et pour la première fois, avisé de ce qui se passait à Narbonne, par un télégramme... *du ministre de la guerre* (!) qui lui-même l'avait appris du ministre de l'intérieur.

Le lendemain matin, une seconde dépêche, émanée celle-là de M. Thiers en personne, qui — chacun le sait — aimait assez à jouer au *petit caporal*, confirmait la nouvelle et prescrivait « *d'en finir* » avec l'émeute, ajoutant, sans s'expliquer davantage, qu'il donnait des ordres à cet effet. Comme le général Reybaud, après en avoir pris connaissance, me la donnait à lire à mon tour :

— Mon général, lui dis-je, si vous voulez me confier deux compagnies de turcos, je me charge *d'en finir* avec Narbonne.

— Bien volontiers, me répondait-il ; mais il faudra faire vite, car je prévois qu'à bref délai nous aurons encore ici besoin des turcos.

— Alors vous me donnerez des ordres ?

— Tout ce que vous voudrez.

Séance tenante, je rédigeais l'ordre ci-après, que le général signait sans observations :

11ᵉ DIVISION MILITAIRE

—

ÉTAT-MAJOR

—

Nᵒ 1.

ORDRE DE LA DIVISION

—

Le général commandant provisoirement la 11ᵉ division militaire ; considérant que la ville de Narbonne est depuis plusieurs jours en état de rébellion ouverte ; considérant qu'en raison de la situation spéciale dans laquelle se trouve le pays par suite des derniers événements, les fauteurs et les complices de ces désordres se sont placés hors la loi ; considérant qu'une répression prompte et énergique sera un bienfait pour la population narbonnaise elle-même, en même temps qu'elle est un devoir impérieux pour le commandement militaire ;

Déclare :

1ᵒ La ville de Narbonne est mise en état de siège ; 2ᵒ La loi martiale y sera appliquée dans toute sa rigueur, et tout insurgé pris les armes à la main sera immédiatement fusillé.

Fait au quartier général à Perpignan,
le 30 mars 1871.

*Le général commandant provisoirement
la 11ᵉ division militaire,*

Signé : REYBAUD.

La légitimité de cette mesure ne pouvait être contestée que par ceux-là qui, réclamant dès lors, avec passion, l'effacement complet de toute autorité militaire devant le *pouvoir civil*, ont toujours affecté d'ignorer une disposition éminemment rationnelle inscrite dans le *décret du 13 octobre 1863* : « En cas de sédition intérieure, l'état de siège peut être proclamé par le commandant de la place. » Nous verrons tout à l'heure ce qui en advint.

Comme il pouvait se trouver à Narbonne des officiers d'un grade supérieur au mien, et qu'il importait de m'assurer la direction effective des opérations, le général me signait encore l'ordre que voici :

11e DIVISION MILITAIRE

ÉTAT-MAJOR

N.º 2.

ORDRE DE LA DIVISION

Le général commandant provisoirement la 11e division militaire ordonne à M. Perrossier, capitaine d'état-major de 1re classe, de se rendre à Narbonne.

Cet officier sera chargé de communiquer *verbalement* ses instructions au commandant des troupes réunies pour réprimer l'insurrection.

Il se conformera aux prescriptions de l'article 10 de l'ordonnance rectificative du 9 décembre 1840.

Fait au quartier général à Perpignan,
le 30 mars 1871.

*Le général commandant provisoirement
la 11e division militaire,*
Signé : REYBAUD.

Un télégramme adressé à Foix prescrivait de diriger immédiatement et par les voies rapides sur Narbonne, pour être mise à ma disposition, une compagnie du 17e d'infanterie. D'autre part, un train spécial était réquisitionné pour transporter le détachement que je devais emmener à Perpignan, et par le télégraphe de la gare je notifiais au capitaine de gendarmerie Vié l'ordre n° 1, avec invitation de le porter, avant mon arrivée, à la connaissance des habitants et surtout des insurgés, par tous les moyens dont il pourrait disposer.

Le train, demandé pour onze heures du matin, ne partait que vers deux heures de l'après-midi, et il en était près de cinq quand j'arrivais à Narbonne avec mes deux compagnies de turcos, qui avaient pour chefs le capitaine adjudant-major Chenu et les capitaines Legris et Larrivet. Dès l'entrée en gare, un spectacle quelque peu insolite nous attendait : un général en uniforme exécutait sur le trottoir une course à cloche-pied, entre une double haie de graves personnages qui paraissaient prendre le plus vif intérêt à ce singulier exercice. Ces amateurs de sport d'un nouveau genre étaient tous les plus hauts fonctionnaires du département et du ressort. Deux d'entre eux méritent d'être personnellement présentés.

Le premier nommé Trinchant, avocat besoigneux de Carcassonne, venait de succéder au préfet Raynal, en fonctions seulement depuis six mois, en vertu de l'axiome : « *Ote-toi de là que je m'y mette* », et par application de ce *principe* que chacun doit à son tour prendre sa part de la curée. Trinchant avait une prédilection marquée pour le côté du manche ; mais, imbu de la doctrine que l'insurrection est *le plus saint des devoirs*, et ne sachant trop comment les choses allaient tourner, il était pour le moment, tout en cachant son jeu, de cœur avec les communards. Deux ans plus tard, il devait retourner sa veste et trouver le moyen de se faire nommer préfet de *l'ordre moral*.

Le journaliste Agniel — rédacteur des ***Droits de l'Homme*** de Montpellier que le juif Crémieux avait bombardé procureur général — moins bucolique que son nom, était aussi moins habile à dissimuler ses sympathies. Venu à Narbonne dans le seul but de tendre la perche à ses amis de l'hôtel de ville, il ne tardait pas à les prendre ouvertement sous sa protection, ce dont leurs coreligionnaires politiques le récompenseraient un peu plus tard en le gratifiant d'un mandat législatif.

La veille au soir, ces deux ***amis de l'ordre***, assistés du citoyen Marcou, futur député de Narbonne, avaient eu avec le généralissime Digeon une entrevue mystérieuse, au cours de laquelle on avait jeté les bases d'une entente cordiale et dressé tout un plan de campagne. Le capitaine Vié, qui le savait, commettait la faute de ne pas m'en avertir dès mon arrivée ; mieux renseigné, j'aurais à coup sûr procédé d'autre façon à l'égard de ces deux personnages.

Quant au général dont l'agilité paraissait exciter à un si haut degré l'admiration de la galerie, c'était le général Robinet, qui, arrivé depuis quelques heures, avait entrepris aussitôt de dévider sa thèse favorite, à savoir qu'il n'était pas ataxique, puisqu'il réussissait, même sur un seul pied, à se diriger *à peu près droit* vers un but déterminé.

Sans manifester aucun étonnement, ni me préoccuper de l'assistance, j'allais à lui et j'entrais en matière à brûle-pourpoint.

— Mon général, je vous apporte les ordres du général de division.

— Et... et... et... ces ordres ?... demandait-il, reprenant haleine péniblement.

— Ces ordres sont d'agir immédiatement et avec vigueur.

Le général m'expliquait alors que le capitaine de gendarmerie n'avait pu se conformer à mes instructions concernant la publication de l'état de siège, Monsieur le Préfet s'y étant opposé, sous prétexte que le ministre de l'intérieur lui recommandait expressément *d'éviter par dessus tout l'emploi de la violence*.

— Monsieur, s'écriait ce fonctionnaire, me prenant personnellement à partie, je conteste la légalité de l'état de siège. Votre général n'a pas le droit de le proclamer ; il faut une loi ou un décret.

— Monsieur, dis-je à mon tour, je ne suis pas venu pour discuter cette question. L'état de siège est proclamé en vertu du décret du 13 octobre ; je suis chargé de le faire exécuter ; je le fais. Puisque je trouve ici le général Robinet, je lui transmets les ordres que j'ai reçus.

— Mais, monsieur — intervenait le procureur général — qu'aurez-vous de plus avec l'état de siège ?

— J'aurai de plus qu'avec l'état de siège j'enverrai ces drôles-là devant le conseil de guerre et je les ferai fusiller ; vous, vous les mènerez en police correctionnelle et vous les ferez acquitter.

— Mais monsieur, reprenait le préfet, songez qu'ils ont des otages et qu'ils menacent de les fusiller.

— Vous me permettrez de penser qu'entre la menace et l'exécution il y a loin. L'exécution serait sans doute une extrémité très douloureuse ; mais la menace ne saurait entrer en balance avec la situation faite à la ville de Narbonne. On nous télégraphie de Versailles qu'il faut en finir — eh bien, IL FAUT EN FINIR.

Le général, qui m'en voulait manifestement d'avoir interrompu son intéressante démonstration, ne soufflait plus un traître mot. A ce moment, on venait me prévenir que j'étais appelé au télégraphe. C'était le chef d'état-major, qui, ayant eu sans doute l'intuition de ce qui arrivait, m'adressait de Perpignan cette sévère objurgation :

« Pourquoi n'avez-vous pas encore attaqué Narbonne ? Pourquoi « n'êtes-vous pas déjà maître de l'hôtel de ville ? — Je vais rendre « compte au ministre de l'inexécution de mes ordres. »

En communiquant cette dépêche au général Robinet, je le priais de vouloir bien y répondre lui-même, ce qu'il faisait aussitôt sous la forme d'une longue et filandreuse explication dont il ne gardait pas même la minute et que j'avais la discrétion de ne pas chercher à pénétrer. Mais, prenant le fil à mon tour, je rendais compte de la situation. De Perpignan on la faisait connaître à Versailles, et de Versailles on télégraphiait à Toulouse au général Zentz de partir immédiatement pour Narbonne avec ce qu'il aurait de troupes sous la main.

Comme je revenais au bureau du chef de gare, où l'aréopage s'était réuni, M. le Préfet daignait m'informer lui-même qu'en mon absence on avait tenu un *conseil de guerre* et décidé qu'on allait *cerner Narbonne et le prendre par la famine*. Cette fois, la plaisanterie dépassait véritablement les bornes.

— L'exécution de votre programme, dis-je à M. le Préfet, serait cent fois plus vexatoire pour les habitants qu'une attaque de vive force dont les honnêtes gens n'auraient rien à redouter. Sous prétexte de cerner Narbonne, vous n'avez pas, je suppose, la prétention de m'obliger à placer des postes sous les barricades pour les faire fusiller ? En tout cas, je ne me prêterais pas à jouer ce rôle de dupe, et, puisque le général Robinet croit devoir se tenir à l'écart, comme après tout j'ai été envoyé ici pour apporter des ordres et non pour en recevoir, je me conformerai aux instructions qui m'ont été données, et j'agirai suivant les circonstances.

Un silence glacial accueillait cette profession de foi.

Laissant donc nos conspirateurs officiels poursuivre leur conciliabule, je me retirais auprès de mes turcos. Le capitaine Chenu me rendait compte des dispositions qu'il avait prises pour assurer leur installation et leur subsistance, et me transmettait les renseignements que je l'avais chargé de recueillir sur l'effectif des troupes qui se trouvaient à Narbonne. Elles comprenaient deux compagnies du génie envoyées de Montpellier ; un peloton du 7e chasseurs détaché de Carcassonne ; une section d'artillerie prise à Toulouse ; quarante gendarmes et soixante douaniers. Je n'ai jamais bien su d'où étaient partis les ordres qui les avaient ainsi réunies ; dans tous les cas, c'était déjà plus que suffisant pour agir, et les chefs de ces divers détachements me répondaient de leur fidélité.

Quant au 52e, on n'en entendait pas parler. Grande était donc ma surprise de voir arriver le lieutenant-colonel Vilar, qui, vêtu d'un paletot bourgeois avec son képi et son pantalon d'uniforme, avait traversé sans encombre une partie de la ville, tandis que le capitaine Vié m'affirmait qu'on ne pouvait faire un pas en dehors de la gare sans courir le plus sérieux danger d'être enlevé. Cette circonstance et son empressement à détourner la conversation chaque fois que j'essayais de la mettre sur l'attitude ou sur la composition de scn dépôt, me paraissaient plus que suspects et me décidaient à n'employer ni un homme ni un officier de ce régiment.

Je n'en avais, d'ailleurs, nul besoin. Un train qui entrait en gare m'amenait précisément un renfort qui portait à six cents hommes environ l'effectif des troupes de toutes armes dont je pouvais disposer ; c'était la compagnie du 17e que j'avais demandée à Foix. Comme son commandant me la présentait :

— Capitaine, lui dis-je, êtes-vous bien sûr de l'obéissance de vos hommes ?

En présence de ce qui se passait au 52e ma question n'avait rien d'insolite.

— Je ne les connais pas, me répondait le capitaine Ménesson. Quand votre télégramme est arrivé, les officiers sortaient de table. On a désigné un capitaine, un lieutenant et un sous-lieutenant ; puis on est allé au quartier et l'on a constitué une compagnie avec ce qu'on a pu trouver d'hommes valides armés et équipés.

— Et vos sous-officiers ?

— Ce sont des anciens qui tous datent d'avant la guerre ; je crois qu'on peut avoir en eux toute confiance.

— Faites-les sortir du rang.

Et m'adressant à eux :

— Vous aurez l'œil sur vos hommes, leur dis-je. Si vous en voyez un seul mettre la crosse en l'air ou refuser de marcher, vous le saisirez et le fusillerez vous-mêmes sur-le-champ. Je vous en donne l'ordre formel et je vous couvre. — Allez maintenant, capitaine ; votre compagnie vous suivra.

Résolu, comme je l'avais déclaré, à ne pas tenir compte davantage d'une opposition trop passionnée pour n'être pas suspecte, je donnais, séance tenante, à tous les chefs de détachements, mes instructions pour l'exécution du plan que j'avais conçu.

Les incursions que les gens de la Commune avaient pris l'habitude de faire, chaque nuit, dans un quartier de la ville choisi à tour

de rôle comme théâtre de leurs razzias devaient rendre inévitable une collision, dont le résultat serait de nous livrer l'hôtel de ville, soit que nous réussissions à y pénétrer sur leurs pas, soit qu'il devînt nécessaire d'en briser la porte par l'un des procédés dont l'artillerie disposait. Il ne s'agissait donc présentement que de faire choix du terrain le plus favorable et d'amener l'ennemi à y tirer le premier coup de fusil, ce qui devait être facile. Mais, pour cela, il fallait d'abord pouvoir faire la reconnaissance de la place, et il n'était pas encore trois heures du matin. Un renseignement précieux venait fort à propos me tirer d'embarras, en simplifiant cette besogne à peu près impraticable dans l'obscurité : un monsieur me demandait d'envoyer un poste de sûreté à la recette particulière.

— Je ne le puis en ce moment, lui dis-je. Ne connaissant pas encore les lieux, je ne veux pas exposer un seul homme à être enlevé, ce qui serait d'un effet déplorable. Ma reconnaissance faite dès le point du jour, j'aviserai.

Il m'apprenait alors que la recette particulière était située de l'autre côté du canal, dans le quartier où la Commune comptait le plus grand nombre d'adhérents, et que la rue du pont, qui y conduisait, n'était pas encore barricadée, bien qu'on y eût amassé dès la veille tous les matériaux nécessaires. Il était donc permis de penser que, cette nuit même sans doute, on allait tenter un voyage d'exploration dans les parages de la caisse.

La situation changeant ainsi d'aspect, je revenais sur ma décision première d'attendre le jour, et je donnais au capitaine Larrivet, du 3e tirailleurs, la mission d'aller immédiatement occuper ce quartier avec sa compagnie. Guidé par un gendarme, il devait s'y rendre sans bruit, en dissimulant le plus possible son mouvement, s'établir dans une rue perpendiculaire à la rue du pont, de façon à se dérober complètement à la vue des sentinelles postées par les insurgés au sommet du donjon, et interdire absolument toute communication, même individuelle, entre la ville et le faubourg.

— Puisqu'on nous conteste le droit d'attaquer, lui dis-je, vous n'attaquerez pas ; mais si l'on vous attaque, vous savez ce que vous avez à faire.

— Soyez tranquille ; je n'hésiterai pas.

Pendant ce temps, accompagné du capitaine de gendarmerie Vié, et dans le but de créer une diversion, j'allais, avec le reste de mes turcos, une compagnie du génie et celle du 17e — soit 290 hommes — faire ostensiblement la reconnaissance de la partie nord-ouest de l'enceinte et disposer des postes aux divers débouchés. L'artillerie, la cavalerie et les gendarmes restaient dans la gare, sous la protection des douaniers et de la deuxième compagnie du génie, que je destinais à me servir de réserve. Le tocsin, que j'entendais bientôt sonner à toute volée par la cloche du donjon, m'apprenait que mon stratagème avait réussi, et cette petite expédition terminée, j'allais rejoindre le capitaine Larrivet à l'endroit où je comptais bien que le conflit attendu ne pouvait manquer de se produire.

Mes prévisions, en effet, ne tardaient pas à se réaliser. Dépisté par la démonstration que je venais de faire sur son flanc gauche et persuadé que de l'autre côté il trouverait le passage libre, le citoyen général, toujours coiffé de son chapeau à plume et porteur de son inséparable tromblon, se mettait en personne à la tête d'un groupe nombreux et partait à la conquête de la caisse. En ce temps déjà lointain, la convoitise du bien d'autrui ne s'embarrassait guère des circonlocutions que les panamistes parlementaires ont fait depuis entrer dans la pratique ; les procédés les plus expéditifs étaient réputés les meilleurs et, quand on avait combiné quelque rafle, on passait à l'exécution sans s'attarder aux bagatelles de la porte.

A l'approche de cette troupe, dont les conversations bruyantes laissaient deviner l'enthousiasme, les turcos, qui, suivant l'ordre donné à Perpignan, avaient les armes chargées, glissaient silencieusement hors de leur abri et barraient la rue du pont en croisant la baïonnette. Surpris d'abord de cette rencontre imprévue, le généralissime, arrêtant son monde à quelques pas d'eux, commençait de les haranguer ; en vrais fils du désert, ils essuyaient sans broncher ce débordement d'éloquence. Au nom du peuple, il leur faisait alors sommation de mettre la crosse en l'air ; les turcos ne savaient pas exécuter ce mouvement. Exaspéré enfin, le citoyen Digeon bondissait et criant : « Feu sur l'officier ! » déchargeait sa terrible espingole. Plusieurs des siens suivaient son exemple ; mais les balles sifflaient sans incommoder personne. Les turcos, toujours muets, ripostaient en faisant feu l'arme à la hanche, puis fonçaient en avant à la baïonnette. Deux morts et trois blessés restaient sur le carreau, tandis que les autres, général en tête et boulés comme des lapins, détalaient à toutes jambes vers l'hôtel de ville.

L'action était donc engagée, cette fois, et je me disposais à la mener vigoureusement. Un ou deux obus, tirés de plein fouet depuis la ruelle qui débouche au nord-est de la place, et où les artilleurs seraient défilés par la maison d'angle elle-même, devaient suffire à jeter bas la porte de l'hôtel de ville ; il ne resterait plus ensuite qu'à y lâcher les turcos et à laisser faire. Mais à ce moment un gendarme venait me prévenir que le général Zentz, envoyé de Toulouse par ordre supérieur, était arrivé dans la gare et m'invitait à l'y rejoindre en y ramenant les troupes que j'avais déjà mises en position.

J'obéissais non sans quelque regret, en me disant que pour cette fois messieurs les communards pourraient se vanter de l'avoir échappé belle.

*
* *

Je trouvais le général Zentz au bureau du chef de gare. L'air radieux et quelque peu narquois de toute la bande officielle qui l'entourait et le serrait de près témoignait qu'en m'attendant celle-ci s'était efforcée de mettre le temps à profit. L'accueil que je recevais de lui tout d'abord était plutôt froid.

— Les dispositions que vient de me faire connaître le général Robinet me paraissent défectueuses.

— Mon général, c'est d'autant plus mon avis personnel que voici — dis-je en les lui présentant — les ordres que je m'étais fait donner avant de quitter Perpignan. Mais, en arrivant ici, j'ai trouvé le général Robinet avec Monsieur le Préfet, Monsieur le Procureur général et ces autres Messieurs, tous d'accord pour en empêcher l'exécution ; je n'ai pas pu les prendre au collet pour les ôter de là.

— Eh bien, nous allons exécuter vos ordres.

— J'ai déjà commencé, mon général, et dans ce cas je me mets à votre disposition comme chef d'état-major.

A ce moment, un nouveau personnage, qui m'était tout à fait inconnu, celui-là, faisait irruption dans le bureau, et, se dirigeant vers Trinchant :

— Monsieur le Préfet, s'écriait-il sur un ton mélodramatique, il y a déjà du sang versé !

— De quel côté ? interrogeait anxieusement le haut fonctionnaire.

— Du côté des *gardes civiques*.

Tous les visages officiels s'étaient subitement rembrunis.

— Vous avez reconnu la place, continuait imperturbablement le général Zentz en s'adressant à moi ; prenez donc vos dispositions ; formez vos colonnes d'attaque, et au point du jour nous commencerons.

— Permettez-moi, mon général, de vous demander d'abord quelles troupes vous avez amenées ?

— J'ai le 8e bataillon de chasseurs et quatre obusiers de montagne.

— Alors, mon général, nous sommes maîtres de la situation. J'ai bien deux canons qui feraient sans doute bonne figure dans le paysage ; mais qui ne serviraient pas à grand'chose. Avec vos obusiers, si vous le voulez bien, nous armerons deux petites batteries et nous bombarderons l'hôtel de ville.

— Faites.

Les nez officiels s'allongeaient de plus en plus.

— Je proteste... essayait d'articuler Monsieur le Préfet.

— Allez, reprenait le général, et ne perdez pas de temps.

Narbonne, à cette époque, étouffait encore dans sa ceinture de fortifications, démolie quelques années plus tard pour lui permettre de s'étendre et de respirer à l'aise. Le chemin que j'avais suivi en allant reconnaître la place courait sur le glacis, presque au sommet de la contrescarpe, et, malgré l'obscurité, j'avais pu constater que tous les points de son parcours avaient vue sur l'hôtel de ville. Quelques coups de pioche près de la crête suffiraient donc pour assurer à mes deux minuscules batteries l'installation la plus confortable. Je plaçais la première presque à la sortie de la gare, sur le front regardant au nord, de manière à battre en plein la façade du donjon ; l'autre sur le front ouest, un peu avant d'arriver à la porte *Neuve*, et pouvant faire converger son feu presque à angle droit avec celui de la précédente.

Comme je sortais de la gare pour aller les établir, la femme d'un gendarme venait de la part du curé m'apporter, dissimulées sous ses cottes, les clefs de la cathédrale. Ces clefs pouvaient m'être, en effet, d'une grande utilité, le clocher de l'édifice ayant, comme je l'ai déjà dit, un commandement d'environ dix mètres sur la plate-forme du donjon.

Trois colonnes étaient disposées en vue de l'attaque. Celle de droite, comprenant, avec la compagnie de tirailleurs du capitaine Legris, une compagnie du génie, tenait la porte *Neuve* et la barricade élevée par les insurgés au débouché de la rue qui de ce point conduisait directement à la place. Celle de gauche, formée de la compagnie de tirailleurs du capitaine Larrivet et de la compagnie du 17e, se massait dans la rue du pont. Enfin, le 8e bataillon de chasseurs, sous les ordres de son chef, le commandant Antonini, occupait au centre la gare et ses abords, y compris la porte de *Béziers*. Une pièce de 8 restait attelée pour tenir lieu du pétard qui nous manquait, s'il devenait nécessaire de briser la porte de l'hôtel de ville.

La municipalité avait été invitée à faire savoir aux habitants et aux insurgés que si, dans le délai de deux heures, ces derniers n'avaient pas mis bas les armes et ne s'étaient pas constitués prisonniers, l'assaut leur serait donné. Cette nouvelle s'était propagée avec une rapidité foudroyante, et, comme je revenais à la gare, un monsieur tout effaré m'arrêtait au passage.

— Monsieur, s'écriait-il, vous allez bombarder Narbonne ?

— Non ; pas Narbonne... l'hôtel de ville seulement.

— Mais, monsieur, l'hôtel de ville est habité ; nos logis y sont enclavés, et nos familles...

— C'est justement pour que vous ayez le temps de vous mettre à l'abri, vous et vos familles, qu'on vous prévient deux heures d'avance.

— Mais, monsieur, et nos biens... nos meubles ?...

— Ah ! si vous aviez pris les armes en même temps que ces gens-là, vos biens et vos meubles ne seraient exposés à aucun dommage. Mais nous pouvons nous entendre, si vous voulez : amenez-moi tous les drôles qui paradent dans l'hôtel de ville et je vous promets que pas un obus n'y sera lancé.

Il s'en allait la tête basse et sans insister davantage.

Le jour était venu. Je rendais compte au général des dispositions que j'avais prescrites, puis nous montions à cheval pour aller, avant d'entamer l'opération, vérifier la position des troupes.

Mais, comme la gaîté française ne perd jamais ses droits, voilà qu'un nouvel incident, quelque peu funambulesque, surgissait encore, sous la forme d'un grand, très grand monsieur, qui tête nue, porteur d'une longue barbe et drapé dans un incommensurable paletot noisette, se présentait à moi, flanqué de deux gendarmes et majestueux comme l'eût été le héros d'Homère escorté de deux myrmidons. Sans prononcer un mot, il tirait de sa poche et me tendait d'un geste solennel une large enveloppe jaune, contenant un autographe que j'ai un véritable regret de n'avoir pas conservé pour en donner ici le régal à mes lecteurs. Le général Digeon, *commandant les forces de terre et de mer* de la Commune de Narbonne, adressait à son collègue, le général des *versaillais* de Perpignan, une demande d'armistice, afin de lui permettre d'introduire dans la place un médecin, pour donner des soins aux blessés que la garnison aurait sans doute au cours de la lutte qui allait s'engager.

— **Mettez** ce monsieur à l'ombre, dis-je simplement aux gendarmes, après avoir pris connaissance de cette requête originale.

— Parlementaire… protestait laconiquement celui-ci.

— Mettez-le dans une casemate.

— Il n'y en a pas, mon capitaine, répondait un gendarme consciencieux.

— Ça m'est égal ; mettez-l'y tout de même.

Je rejoignais le général, qui arrivait déjà vers la batterie n° 1.

— Mon général — proposait le capitaine d'artillerie qui la commandait — je fais pointer une pièce sur la plate-forme et l'autre un peu plus bas ?

— Non, répondait le général ; pointez vos deux pièces sur la plate-forme ; à la seconde volée vous tirerez un peu plus bas.

La galerie déjà nombreuse que la curiosité avait attirée s'entre-regardait : décidément l'affaire paraissait prendre une tournure sérieuse.

Nous repartions alors, escortés de M. le Procureur général, qui trottinait à côté de nos chevaux. Cramponné comme une teigne au flanc du général, ce magistrat des nouvelles couches ne cessait d'ergoter, se répandant en protestations amères contre l'état de siège, tandis que M. le Préfet, moins alerte, nous suivait de loin, en appuyant de ses gestes désespérés les arguments dont nous régalait son copain.

Exaspéré enfin de cette jérémiade à jet continu, le général Zentz arrêtait brusquement son cheval et faisant face à l'obsédant personnage :

— Eh bien, je n'y tiens pas à cet état de siège, s'écriait-il. Vous, Monsieur le Procureur général, donnez-moi une réquisition pour agir par la force.

La physionomie de ce drôle s'illuminait ; il avait visiblement atteint son but. Il s'éloignait quelques instants, puis, revenant la bouche en cœur vers le général et lui tendant sa pancarte :

— A présent, général, disait-il, nous allons faire des sommations.

Et, suivi seulement du commissaire de police qui, ceint de son écharpe, avait surgi je ne sais d'où, il prenait le chemin de l'hôtel de ville.

Dix minutes s'écoulaient, puis un quart d'heure.

Le tocsin, accompagnement obligé de tout ce remue-ménage, avait cessé de se faire entendre et nous nous regardions, le général et moi, tentés de nous demander, comme dans les opéras-comiques :

> « *Quel est donc ce mystère ?...* »

— Mon général, dis-je à la fin, ne vous semble-t-il pas qu'il se passe là-bas quelque chose d'anormal ?

— Allons y voir.

Et, passant par dessus la barricade, à notre tour nous arrivions sur la place avec nos turcos. La porte de l'hôtel de ville était grande ouverte et, sous la protection de *la justice,* tous les oiseaux s'étaient envolés. Nous étions *roulés* et M. le Procureur général lui-même avait disparu avec ses clients.

Les déserteurs du 52ᵉ, — dont le nombre, rapidement accru pendant la semaine écoulée, dépassait maintenant deux cents, — étaient restés là, cependant, fort empêtrés de leur uniforme et ne sachant où se terrer. Je les faisais placer sur un rang ; puis, accompagné des trois officiers qu'ils avaient aidé à faire prisonniers et que, depuis neuf jours, ils tenaient au bout de leurs fusils, je les passais en revue, prenant les noms de ceux qui s'étaient fait particulièrement remarquer par leur conduite et leur attitude ; après quoi ils étaient tous mis en lieu sûr.

Pendant ce temps nos bons turcos, dont le premier soin avait été de jeter bas le drapeau rouge, songeaient à leur tour au ravitaillement. Douze moutons tout parés et prêts a être mis à la broche ; plusieurs hectolitres de vin ; des victuailles de toute sorte emmagasinées à profusion et abandonnées par les fuyards, allaient leur permettre de combler les vides laissés dans leurs vaillants estomacs par le repas trop succinct de la veille. Puis, comme pour ces natures primitives la *razzia*, couronnement de toute opération de guerre, constitue le bénéfice de la victoire, ils y procédaient sans désemparer.

Le musée, fort heureusement, était fermé à double tour. Sans manifester, à la vérité, un goût particulier pour les œuvres d'art, ils n'auraient sûrement pas négligé une aussi riche proie. Tout butin leur était bon, en effet, jusqu'aux capotes des sergents de ville et au drap mortuaire de la cathédrale, qu'ils restituaient d'ailleurs de très bonne grâce quand on leur eût démontré que ces objets n'étaient pas la propriété des vaincus.

*
* *

La Commune de Narbonne avait vécu. Ma mission ainsi terminée, je prenais congé du général Zentz et je rentrais à Perpignan.

Le général Reybaud ne tardait pas à m'y donner une première preuve de cette affectueuse bienveillance que, pendant plus de vingt ans et jusqu'à son dernier jour, il ne devait plus cesser de me témoigner. Au compte-rendu qu'il adressait au ministre il joignait une proposition pour la Légion d'honneur présentée en ma faveur dans des termes que je crois devoir reproduire, parce qu'ils contiennent une appréciation ferme de l'attitude de certains personnages que l'on pourrait m'accuser d'avoir qualifiés moi-même avec trop de sévérité.

« M. le capitaine Perrossier s'est acquitté avec fidélité et intelli-
» gence de la mission que je lui avais confiée. Je dis avec fidélité,
» attendu qu'à lui seul, et jusqu'à l'arrivée du général Zentz, il a su
» résister à la pression des diverses autorités qui, de concert avec le
» général Robinet, s'étaient dès le début déclarées en opposition
» avec mes instructions, recommandant d'agir avec vigueur... Je
» m'estime heureux, après avoir eu à blâmer, en cette circonstance,
» ceux qui ont été au-dessous de leur devoir, de trouver un officier
» qui n'a pas hésité à faire respecter les ordres qu'il avait reçus... »

De son côté, le général Zentz, avec non moins de bienveillance, établissait dans le même sens un mémoire de proposition motivé comme il suit :

« M. Perrossier a dix-huit ans et demi de service et trois campa-
» gnes. Il a eu un cheval tué sous lui à la bataille de Sedan et a
» déjà mérité la croix. Il a fait preuve de courage et d'une grande
» décision dans les dispositions d'attaque contre les insurgés de
» Narbonne. C'est lui qui a fait pendant la nuit la reconnaissance
« des barricades, et cette reconnaissance n'était pas sans danger. »

C'était la troisième fois depuis quelques mois que j'étais présenté ; mais jusque-là les gouvernants du 4 Septembre avaient soigneusement écarté toute proposition de cette nature appuyée seulement sur des actions de guerre accomplies avant la chute du régime précédent. M. Thiers, qui *régnait* alors et qui devait un peu plus tard s'efforcer d'atténuer les fâcheux effets de cet inqualifiable ostracisme, accueillait au contraire avec empressement tout ce qui pouvait contribuer à rendre à l'armée un peu de son prestige et de sa confiance. Quinze jours donc n'étaient pas écoulés quand il signait l'*arrêté* — comme on disait alors — me nommant dans la Légion d'honneur, en même temps que le capitaine Larrivet, pour lequel j'avais demandé une proposition, en raison du précieux concours qu'il m'avait si résolument prêté.

En outre, une décision du 14 avril disposait que l'expédition de Narbonne serait comptée comme campagne à tous les militaires y ayant participé.

Après avoir récompensé, il fallait songer à punir. En abandonnant leur poste devant des rebelles armés ; en passant avec armes et bagages dans les rangs de l'insurrection ; en menaçant de mort leurs officiers trahis et livrés par eux, les hommes du 52e cueillis dans l'hôtel de ville s'étaient rendus coupables des crimes les plus qualifiés contre le devoir militaire, crimes encore aggravés par les circonstances de concert et d'exécution en bande. Si l'on pouvait, cependant, éprouver quelque hésitation à les déférer en bloc au conseil de guerre, cette conclusion s'imposait en ce qui concernait les meneurs, dont le rôle était suffisamment démontré tant par leurs agissements personnels que par la propagande active à laquelle ils s'étaient livrés ostensiblement. Pour ceux-là, au nombre de vingt, aucun doute n'était permis et un exemple devait être fait.

Mais, pour que cet exemple portât tous ses fruits, j'exposais au général la nécessité que le jugement à intervenir fût prononcé et exécuté à l'endroit même où le crime avait été commis. En conséquence, l'autorisation était demandée au ministre et immédiatement accordée de transférer le conseil de guerre à Narbonne. Cette disposition entraînait forcément quelques mutations parmi le personnel qui le composait.

Le parquet, retenu à Perpignan par l'instruction de nombreuses affaires, ne pouvait se déplacer.

A ce moment, en effet, les ferments d'indiscipline et de révolte que, dans un but politique, nos gouvernants de la veille avaient mis tant de persistance à infuser dans ce qui restait encore de l'armée, y avaient acquis un tel développement que le nombre des plaintes en conseil de guerre arrivant à la division s'élevait en moyenne à deux ou trois *par jour*. Le commandant Crouzet, du 3e tirailleurs, était en conséquence nommé substitut du commissaire du gouvernement, et le capitaine Pierrot, du 16e bataillon de chasseurs, substitut du rapporteur.

Le major du 42e, qui siégeait parmi les juges, surchargé de travail par la reconstitution de son dépôt, ne pouvait pas davantage aller à Narbonne. Mais le ministre ayant ordonné d'y envoyer de Carcassonne, comme force supplétive, deux escadrons du 7e chasseurs, le chef d'escadrons qui les commandait, se trouvant sur les lieux, était naturellement désigné pour le remplacer.

Enfin, à défaut d'autres sous-officiers remplissant les conditions légales, le maréchal-des-logis Pompidor, commandant les brigades de gendarmerie de Rivesaltes, était nommé juge.

Le conseil ainsi complété, et présidé par le lieutenant-colonel de gendarmerie Cullet, se rendait donc à Narbonne. En présence de faits indiscutables et de témoignages absolument probants, l'instruction ne pouvait être longue. Parmi les accusés, deux n'étaient pas en état de comparaître : l'un était dangereusement malade à l'hôpital ; le second, caporal au 52e, avait eu un bras cassé d'un coup de feu au moment où, dans la nuit du 30 au 31 mars, il venait lui-même de tirer sur le capitaine Larrivet. Il dut plus tard, je crois, subir l'amputation. La disjonction prononcée en ce qui les concernait, les dix-huit autres étaient mis en jugement et condamnés à mort à l'unanimité.

Cette condamnation, juste et nécessaire, frappait de stupeur la population narbonnaise. Après un nouvel examen du dossier et une recherche scrupuleuse des plus petits indices susceptibles d'être invoqués comme un semblant d'atténuation, le général Reybaud croyait devoir prendre l'initiative d'un appel à la clémence, en proposant six des condamnés pour une réduction de peine.

Quelques jours plus tard, le télégraphe lui apportait du ministère cet avis, d'un laconisme un peu singulier :

« La peine des douze condamnés de Narbonne est commuée. »

Le général répondait par la même voie :

« Ce n'est pas douze condamnés qu'il y a à Narbonne, mais » dix-huit, et c'est pour six d'entre eux seulement qu'une réduction » de peine a été demandée. »

Un second télégramme, non moins bref que le précédent, et qui ne portait même pas une signature indiquant son origine, tranchait la question en ces termes :

« La peine des dix-huit condamnés est commuée. »

Aucune autre explication ne suivait ; aucune pénalité n'était substituée à l'ancienne : d'un trait de plume l'œuvre de la justice était tout simplement biffée.

Plus soucieux d'une popularité malsaine que de leur devoir envers la patrie ; hantés peut-être aussi par la préoccupation des élections futures, les potentats du jour — pour qui la conquête de quelques bulletins de vote était déjà l'*ultima ratio*, — n'avaient pas hésité à donner à l'esprit d'indiscipline et de révolte dont je parlais tout à l'heure ce dernier, ce suprême encouragement.

— Mon général, dis-je en apprenant cette défaillance, il faut maintenant demander le licenciement du 52e et la suppression définitive de ce numéro dans l'armée.

Une étrange coïncidence se présentait, en effet, qui aurait semblé faite pour donner raison aux adeptes du fatalisme. En février 1848, le 52e, alors en garnison à Paris, avait le premier donné l'exemple de mettre la crosse en l'air devant les barricades, ce qui lui avait valu l'insigne honneur d'être dénommé 1er *régiment de la République*. Qui pouvait dire si, à vingt-trois ans de distance, le retentissement déjà lointain des ovations triomphales décernées à cette première défection n'avait pas été une des causes déterminantes de la seconde ? Les psychologues qui tant de fois ont raconté l'histoire de la *guérite du suicidé* y trouveraient peut-être matière à quelques beaux développements.

Quelques-uns de ces hommes furent, un peu plus tard, versés aux bataillons d'Afrique ; mais le plus grand nombre passa simplement dans d'autres régiments de l'intérieur. En 1872, j'étais aide de camp du général de l'Abadie d'Aydrein qui procédait, à Rochefort, à l'inspection générale du 6ᵉ d'infanterie. En examinant la *catégorie* des « militaires venus d'autres corps », j'y trouvais le nom d'un soldat provenant du 52ᵉ, et, vérification faite, je reconnaissais en lui un des condamnés de Narbonne. Ainsi demeurait impuni l'acte de rébellion le plus criminel et le plus redoutable par ses conséquences possibles qui ait été commis dans l'armée française au cours de ce siècle tout entier. Quel exemple pour l'avenir !

Le lieutenant-colonel Vilar, dont l'insigne faiblesse n'avait su imposer à ses subordonnés ni le respect du devoir ni la plus élémentaire obéissance, était mis en non-activité par retrait d'emploi, puis à la retraite d'office. C'était bien la moindre punition qu'il fût possible d'infliger à un chef pour avoir à ce point manqué de caractère. Le général Robinet rentrait peu après dans la disponibilité d'où il n'aurait jamais dû sortir.

Quant aux aventuriers qui, au cours de cette tragi-comédie, avaient plus ou moins ouvertement tenu les premiers rôles, nul ne songeait à les inquiéter. Plus tard, cependant, en présence de l'émotion profonde causée dans le pays par l'exceptionnelle gravité des événements de la capitale, — dont la répercussion, qui s'était fait sentir aussi sur d'autres points du territoire, avait un instant menacé de se généraliser, — on fit semblant de demander des comptes à celui qui, le premier de tous, avait donné à la province le signal du soulèvement. Digeon était donc — lui tout seul — traduit en cour d'assises, et, sous couleur de soustraire la cause aux influences locales, envoyé devant le jury de l'Aveyron. Il eût été surprenant que d'un procès engagé dans de telles conditions il jaillît quelque lumière, les seuls témoins dont les dépositions auraient pu être entendues avec profit étant précisément les complices non poursuivis de l'accusé. Aussi, comme je l'avais bien prévu, celui-ci en revenait-il acquitté.

Peut-être aurait-il mieux valu offrir tout simplement à cet halluciné un asile dans le Charenton départemental, au lieu de le transformer en une sorte de bouc émissaire pour le plus grand profit de ceux dont l'attitude avait été plus que louche, et qui, eux, étaient mis hors de cause. On lui aurait ainsi rendu le service de le mettre au moins à l'abri de la misère dans laquelle il a traîné ses derniers jours.

Un seul ami, en effet, — pas un politicien — venait à son secours, et, en le recueillant, l'empêchait de mourir de faim, tandis que — mieux avisés — les Limouzy, les Marcou, les Raynal, les Trinchant, les Agniel — et d'autres encore dont je n'ai pas eu l'occasion de prononcer ici les noms, — lui tournaient carrément le dos pour prendre position et faire leur chemin dans la politique, où ils ne tardaient pas à devenir des personnages. Plusieurs des survivants siègent encore aujourd'hui dans les assemblées délibérantes.

J'aurais voulu ne plus parler de moi ; mais, puisque je l'ai fait pour les autres, il faut bien encore — pour la moralité de l'histoire — dire, en ce qui me concerne personnellement, quel en fut l'épilogue.

Ceux dont j'avais dérangé les calculs ou démasqué les ténébreuses compromissions ne l'oublièrent pas et j'éprouvai bientôt les effets de leur basse rancune. Si les efforts de mes chefs, dont la bienveillance ne s'est jamais lassée ; si leurs notes élogieuses et les propositions renouvelées avec persistance en ma faveur n'ont pu empêcher que ma carrière fût quelque peu enrayée par les *vingt-cinq années* bien complètes qu'on a réussi à me faire passer *dans deux grades*, j'ai eu plusieurs fois la preuve que des interventions malveillantes et sournoises n'y avaient pas peu contribué, les pressions parlementaires n'ayant jamais rencontré de résistance auprès de messieurs les ministres plus ou moins civils de la guerre.

J'ai trouvé des compensations suffisantes dans la satisfaction du devoir accompli et dans l'approbation des honnêtes gens, dont j'ai encore quelquefois le plaisir de recevoir des témoignages sympathiques et désintéressés, parmi lesquels les plus humbles sont ceux qui me touchent le plus.

9 782019 915759